AF236244

Entdecke die Ursachen deiner Depression!

Ein psychologisches Ausfüllbuch.

−200 Fragen deine Antworten−

Das Selbsthilfebuch gegen Depression, Burnout, Stress, Angst, Borderline und PTBS

Impressum

Alle Rechte vorbehalten.

Copyright Doreen Schmidt

Dosdorf 12

99310 Arnstadt

Mail: doreenschmidt439@gmail.com

Dieses Buch gehört

_____

© 2021

Herstellung und Verlag: BoD – Books on Demand, Norderstedt

ISBN: 978-3-7534-0251-2

Inhaltsverzeichnis

Eine Reise in dein Innerstes....

Wenn man depressiv wird, hat dies immer tieferliegende Gründe. Meistens ist es ein Konglomerat aus vielen Faktoren. Neben genetischer Veranlagung und Schicksalsschlägen, führen zudem gestörte soziale und innerseelische Prozesse zur Depressivität. Es ist immer ratsam bei einer schweren Depression eine Psychotherapie zu machen. Man kann jedoch auch zuvor oder währenddessen autodidaktisch selbst an sich arbeiten, sich und seine Probleme hinterfragen. Dieses psychologische Ausfüllbuch ist genau hierfür gedacht. Es ist in Themenbereiche gegliedert, in denen jeweils verschiedene Fragen gestellt werden und es dann genüg Platz für dich gibt, diese zu beantworten. Dabei werden die Fragen zu diesen Bereichen in einer Form gestellt, die für deine Konfliktlösungen entscheidend sind, da sie deine Probleme aufdecken.

Du wirst merken, dass die Antworten auf diese Fragen von einem innenseelischen Prozess begleitet werden. Es sind Fragen, die, wenn man sie sich ernsthaft versucht zu beantworten, einen in die Richtung bringen intensiv über sich und seine Umwelt zu reflektieren. Durch diese Art der Reflektion beginnt man häufig von selbst Lösungen zu finden. Dabei sollte man sich bei der Beantwortung der Fragen Zeit lassen und keinesfalls versuchen zu viele an einem Tag zu bearbeiten. Es werden Fragen sein, die dich zum Nachdenken anregen werden. Es sind Fragen die auch oft in einer Therapie bearbeitet werden, in der genauso, wie in diesem Buch, Themenbereiche wie Familie, Freunde, deine Gefühle, deine Erkrankung, deine Arbeit hinterfragt werden. Denn oft ist es so, das es gerade die sozialen und innenseelischen Konflikte sind, die dich selbst behindern und somit deine Depression entweder verstärken oder sie auf einem konstanten Level halten. Erst wenn man diese Konflikte angeht, in dem man vielleicht neue Lösungswege findet, kann man sich nach und nach von der Depression befreien.

Damit unterstützt dieses Buch, ohne das es eine Therapie ersetzen soll, den verhaltenstherapeutischen Ansatz, der dein Verhalten im sozialen Umfeld und dir gegenüber hinterfragt und versucht neue Lösungswege zu finden.

Die Antwort auf manche Fragen wird dir vielleicht leicht fallen, bei anderen wird es schwieriger für dich. Insgesamt sind es 200 Fragen und viel Platz zum Schreiben.

Ziel ist es am Ende des Buches die Ursachen der eigenen Depressivität ein Stück weit mehr zu verstehen als vorher. Vielleicht zu sehen, welche Bereiche in deinem Leben noch bearbeitet werden sollten, weil die Konflikte zu stark und ungelöst sind. Es wird sicher kein einfacher Prozess für dich sein. Doch ich kann dir Mut machen: es lohnt sich für sich und seine Bedürfnisse und Gefühle zu kämpfen. Denn die Erfüllung deiner Bedürfnisse und das Zulassen und verarbeiten deiner Gefühle sind ein wichtiger Schritt auf dem Weg zu deiner Gesundung. Es sind die Anfangsschritte aus dem Loch Depression.

Wie dieses Buch entstanden ist

Ich selbst bin schon seit vielen Jahren depressiv und habe mich oft in Psychiatrien aufhalten müssen, viele Psychologen kennengelernt, mit Betroffenen gesprochen, Fachliteratur gelesen und an verschiedenen Therapien teilgenommen. Dabei kann ich mich noch sehr gut an meine erste Therapie erinnern, die mich dann auch auf die Idee zu diesem Buch gebracht hat.

Mein damaliger Therapeut bat mich am Anfang der ersten Sitzungen darum einen von ihm selbst erstellten Fragebogen auszufüllen. Ich denke es waren damals an die 60 Fragen, die mich dann auch extrem beschäftigten. Genauso wie in diesem Buch waren es tiefergehende Fragen aus den Themenbereichen: Familie, Beruf, Kinder, Gefühle, Selbstbewusstsein usw. Ich bemerkte damals, das schon allein die Beantwortung dieser Fragen viele seelische und emotionale Prozesse in mir in Gang setzten. Ich begann mich und mein soziales Umfeld zu hinterfragen und begab mich dann in der Therapie (es war eine tiefenpsychologisch orientierte Psychotherapie) auf eine lange Reise in meine Vergangenheit. Zurück zu meiner Kindheit.

Diese Therapie ist mir besonders im Gedächtnis geblieben, obwohl sie mittlerweile schon 10 Jahre her ist und so kam ich auf die Idee, dieses Buch mit diesen Fragen zu entwerfen. In dem Bewusstsein, das vielleicht auch andere Erkrankte oder Geplagte von ihrer Reise in ihr Innerstes profitieren können und vielleicht dadurch auch die Ursachen ihrer Depression entdecken können.

Daten

oder ein paar kurze Fragen am Anfang zur Auflockerung...

Mein Name ist:

_____

Ich bin _____ alt

Ich bin verheiratet, ledig, verwitwet oder getrennt lebend.

Ich habe _____ Kinder.

Wie heißen deine Kinder und wie alt sind sie?

_____

_____

_____

Wie heißt deine Partnerin oder Partner und wie alt ist er oder sie?

_____

_____

Hast du ein Haustier? Wie heißt es und wie lange hast du es schon?

_____

_____

Was ist deine Lieblingsfarbe?

_____

_____

Was ist dein Lieblingsessen?

_____

_____

Welches Auto fährst du?

Was ist dein liebstes Buch?

Wohin würdest du gerne in den Urlaub fahren wenn du genug Geld hättest?

In welcher Stadt lebst du und wo bist du geboren und aufgewachsen?

Welchen Schulabschluss hast du?

Was für eine Ausbildung hast du?

Welche Ausbildung hättest du am liebsten gemacht?

Welchen Beruf hast du und welchen würdest stattdessen lieber ausüben?

Deine Umgebung und dein Wohlbefinden sind wichtig!

Lebst du in einer eigenen Wohnung, zur Miete, im eigenen Haus, noch bei deinen Eltern?

_____

_____

Fühlst du dich in deiner Wohnung wohl? ja/nein

Würdest du gerne Möbel umstellen, mit neuer Farbe streichen? Wenn ja, was würdest du ändern?

_____

_____

_____

_____

_____

Hast du in deiner Wohnung einen Platz, der nur für dich ist, bei dem du dich besonders wohl fühlst, bei dem du vor möglichem Trubel relaxen kannst?
ja/nein
Wenn nein, warum nicht und könntest du dir einen solchen einrichten?

_____

_____

_____

_____

_____

Was würdest du gerne in deiner Wohnung ändern wenn dir alle Möglichkeiten offen stehen würden und du unbegrenzt Geld hättest?

Welches dieser Dinge lassen sich im Rahmen deiner momentanen Möglichkeiten vielleicht doch umsetzen?

Warum sind dir die Dinge in deiner Wohnung, die du nicht kaufen kannst, weil dir das Geld fehlt, so wichtig? Welche Bedeutung haben diese für dich?

In welcher Wohngegend befindet sich deine Wohnung? Mitten in der Stadt, am Rande der Stadt auf einem Dorf? In einem sozial schwachen Viertel, in einer Wohnsiedlung?

Kannst du deine Arbeit von deiner Wohnung aus gut erreichen? Den Einkauf im Supermarkt? Wohnen deine Freunde nicht weit entfernt?

Zur Krankheit

Meine Erkrankung begann im _____

das Datum von heute ist: _____

Meine Krankheit habe ich demnach schon seit _____ Monaten

Welches einschneidende Erlebnis fand vor meinem Krankheitsbeginn statt?

Welche Medikamente habe ich am Anfang meiner Erkrankung genommen?

Welche Medikamente nehme ich momentan?

Unter welchen Symptomen leide ich am meisten?

Geht es mir schon besser als am Anfang der Erkrankung, gibt es Fortschritte? Wie sehen diese aus?

Hast du eine Antwort auf die Frage: warum du diese Erkrankung bekommen hast? ja/nein

Wenn ja, wie sieht diese Antwort aus? Wenn nein, warum hast du keine Antwort darauf?

Was denkst du, wie lange deine Krankheit noch andauern wird?

Was sagen die Ärzte?

Hast du in deiner Krankheit für dein Leben vielleicht auch positive Erkenntnisse
gewonnen oder war alles nur negativ?

Es wird immer gesagt: „Man solle immer positiv denken, dann wird schon alles besser." Könnte man nicht auch sagen: „Man sollte realistisch denken, um sich seiner Erkrankung bewusst zu sein, damit man sich dieser dann stellen kann. Erst dann trifft eine Besserung ein?"

Was hälst du von diesen Überlegungen?

_____

_____

_____

_____

_____

_____

_____

_____

_____

_____

_____

_____

_____

_____

_____

_____

_____

_____

Schlaf

Wie lange schläfst du durchschnittlich? _____ Stunden

Um wieviel Uhr gehst du ins Bett und wann stehst du auf?

Ist dies regelmäßig?

Fühlst du dich in deinem Schlafzimmer wohl? ja/nein

Ist deine Matratze bequem? ja/nein

Schläfst du mit offenem Fenster? ja/nein

Welche Schlafstörungen hast du am häufigsten?

Wie lange brauchst du durchschnittlich zum Einschlafen?

_____Minuten

Wie bereitest du dich auf das zu Bett gehen vor? Hast du bestimmte Rituale, die

dich auf deinen Schlaf vorbereiten? Welche Rituale könntest du einführen?

(Ideen: ein gutes Buch lesen, entspannende Musik hören, kein Fernsehen bevor du

1 Stunde später ins Bett gehst)

Hast du mehr Alpträume oder auch schöne Träume?

Hast du schon mal einen Alptraum zu Ende geschrieben, so das er vielleicht verschwindet?

Wie könntest du dein Schlafzimmer verschönern, damit du dich noch wohler fühlst? Ideen: die Beleuchtung verändern, die Wände neu streichen, private Bilder hinhängen, die Möbel anders stellen oder neue kaufen, auf die Matratze eine Kuscheldecke legen....

Welche Temperatur herrscht in deinem Schlafzimmer durchschnittlich?

Lüftest du regelmäßig, so das du das Fenster nachts offen läßt?

Kannst du nachts ruhig schlafen, weil keine anderen Störgeräusche vorhanden sind? (z.B. Schnarchen vom Partner, Lärm von den Nachbarn, Lärm von der Straße...)

Wenn Störgeräusche da sind, wie könntest du sie abschalten? Notfalls sollte das Schlafzimmer vielleicht in einen anderen Raum verlegt werden.

Isst du vielleicht spät Abends noch viel? Liegt dir schweres Essen im Magen?

Was trinkst du vorm Schlafen gehen? Vielleicht Alkohol oder einen späten Kaffee?

Wenn du Mittagsschlaf machst, wie lange ist dieser? Ist er vielleicht zu lang und du kannst deswegen Nachts nicht einschlafen und verschiebst somit immer weiter deinen Rhythmus?

Scheint in dein Schlafzimmer vielleicht Nachts Licht hinein, das deinen Schlaf stören könnte?

Gibt es vielleicht noch andere Ursachen die deine Schlafstörungen auslösen? Wenn ja, wie könntest du dies ändern?

Die Ernährung

Wie häufig und wann isst du am Tag?

Folgst du einer bestimmten Diät oder Ernährungsform?

Warum machst du Diät oder isst nach diesem Prinzip?

Was sind deine Lieblingsgerichte?

Gönnst du dir auch Schokolade oder quälst du dich mit deren Verzicht?

Bist du mit deinem Gewicht zufrieden? Wie viel wiegst du jetzt und wieviel möchtest du gerne wiegen?

Bist du mit deiner Figur zufrieden?

Welcher Körperbereich gefällt dir am wenigsten?

Welcher Körperbereich gefällt dir am meisten?

Was isst du ungerne?

Kaufst du eher frische Sachen oder ernährst du dich eher von Fertigprodukten?

Kochst du gerne?
ja/nein

Wenn nein, warum oder hast du es schon mit einem interessanten Kochbuch oder Kochkurs probiert?

_____

_____

_____

_____

_____

_____

_____

_____

_____

_____

Wünsche und Träume

Wenn du die Wahl hättest ein Milliardär zu sein, der unglücklich ist oder arm wie eine Kirchenmaus zu sein, jedoch glücklich: was würdest du wählen und warum?

Welche Wünsche hattest du als Kind? Haben sich diese erfüllt?

Was waren die schönsten Wünsche in deinem Leben, die sich bisher erfüllt haben?

Welche Wünsche haben sich bisher nicht erfüllt?

Nehme einen Wunsch der sich bisher nicht erfüllt hat heraus, der vielleicht am wichtigsten ist und überlege dir genau, was passieren muss, damit dieser Wunsch in Erfüllung geht?

Jetzt überlege, ob sich dies nicht doch irgendwie einrichten lässt oder ob es eine Variante gibt, die du umsetzen kannst und die deinem Wunsch nahe kommt.

Wie beantwortest du dir die berühmte Frage: „Welche 10 Dinge würdest du auf eine einsame Insel mitnehmen?" Versuche zu begründen, warum du genau diese 10 Dinge auf eine einsame Insel mitnehmen würdest.

Familie

Aus welchen Mitgliedern besteht deine Familie und welche Verwandte hast du?

Welche Rolle spielst du in deiner Familie? Bist du eher der ruhende Pol, oder die Anlaufstelle für Probleme, bist du eher die Hausfrau oder die Karrierefrau usw. Überlege dir deine Rolle genau und umschreibe sie.

Fühlst du dich in dieser Rolle wohl oder würdest du gerne etwas daran ändern?

Welche Rolle hattest du als Kind gegenüber deinen Eltern?

Hast du gute Kontakte zu deinen Verwandten? Wie gut sind diese oder würdest du dir mehr oder vielleicht sogar weniger Kontakt wünschen?

Gibt es in deiner Familie bestimmte Streitpunkte, die immer ungelöst bleiben? Wie sehen diese aus?

Was müsste passieren das sich bei diesen Streitpunkten etwas ändert?

Aufräumen

Beteiligen sich alle am Haushalt oder stehst du in diesem Bereich auf alleinigen Posten?

_____
_____
_____
_____
_____
_____

Könnte man vielleicht Tätigkeiten im Haushalt auf andere verteilen, das du nicht alles alleine machen musst oder ist es für dich so in Ordnung?

_____
_____
_____
_____
_____
_____
_____

Wie oft räumst du auf? Jeden Tag ein bisschen oder nur am Wochende?

_____
_____
_____

Fällt dir das Aufräumen schwer oder setzt du dich dabei sehr unter Druck?

_____
_____
_____
_____

Wenn du dich sehr unter Druck setzt, überlege dir, ob es wirklich wichtig ist, das alles immer ordentlich ist oder ob es vielleicht besser ist, bei der Ordnung Abstriche zu machen? Wie stehst du dazu?

Wie lange brauchst du für das Aufräumen? Wieviel Zeit in Stunden verwendest du in der Woche genau mit dem Aufräumen? _____ Stunden

Müsstest du vielleicht mal wieder ausmisten, um dich von altem Ballast zu befreien oder hebst du zu viel auf oder wirfst vielleicht zu schnell Dinge weg?

Partnerschaft

Wie lange bist du mit deinem Partner zusammen?

Wie alt ist er und wie habt ihr euch kennengelernt?

Seit ihr verheiratet, wann habt ihr geheiratet oder habt ihr vor zu heiraten?

Bist du in deiner Partnerschaft glücklich oder unglücklich und warum?

Wer hat bei euch „die Hosen an" du oder dein Partner? Fühlst du dich dabei wohl oder möchtest du dies am liebsten ändern? Wie könntest du es vielleicht ändern?

Wer gibt bei einem Streit eher nach?

_____

_____

Welche allgemeinen Streitpunkte gibt es bei dir in der Partnerschaft, auf die ihr immer wieder zurückkommt und wie könnte man diese lösen?

_____

_____

_____

_____

_____

_____

_____

_____

_____

_____

_____

_____

_____

_____

_____

_____

_____

_____

_____

Kinder

Falls du keine Kinder hast, wünschst du dir welche und wann, was hindert dich vielleicht daran?

Wer übernimmt bei euch die Kindererziehung?

Welches Verhältnis hast du momentan zu deinen Kindern? Eher ein gutes oder ein schlechtes und warum ist dies so?

In welcher Lebensphase befinden sich deine Kinder? In der Pubertät, Babyalter, Jugendalter.....?

Falls du ein schlechtes Verhältnis hast? Warum ist dies so und was müsstest du tun, damit sich hier etwas ändert?

Welche Wünsche haben deine Kinder, die du ihnen erfüllen könntest?

Welche Wünsche haben deine Kinder, die du ihnen leider nicht erfüllen kannst?

Nach welchen Werten erziehst du deine Kinder?

Bist du dir mit deinem Partner in der Erziehung deiner Kinder einig? Zieht ihr immer am selben Strang oder versucht jeder seine eigene Ansicht durchzusetzen?

Bist du mit dieser Situation einverstanden oder möchtest du daran etwas
ändern? Wenn ja, was und wie könntest du dies ändern?

Bist du eine strenge Mutter und lässt wenig durchgehen oder erziehst du eher
locker? Wie sieht dein Erziehungsstil aus?

Bereitet dir eines deiner Kinder Sorgen, durch die du Nachts nicht schlafen kannst? Wenn ja welche und wie könnte man diese lösen?

Ist dein Kind oder sind deine Kinder momentan glücklich oder unglücklich und warum?

Deine Eltern

Leben deine Eltern noch? ja/nein _____

Wie oft siehst du deine Eltern?

_____

Wie oft telefonierst du mit deinen Eltern

_____

Welche Rolle spielst du im Moment deinen Eltern gegenüber? Beschreibe diese.
Möchtest du sie vielleicht ändern?

_____

_____

_____

_____

_____

_____

_____

_____

Welche Beziehung hattest du als Kind gegenüber deinen Eltern im Allgemeinen?

_____

_____

_____

_____

_____

Wie sah die Beziehung zu deinem Vater aus, als du noch zu Hause gewohnt hattest?

Wie hat sich das Verhältnis zu deinem Vater in deiner gesamten Entwicklung bis heute verändert? Versuche es zu beschreiben.

Welche Beziehung hattest du zu deiner Mutter, als du noch zu Hause gewohnt hattest?

_____

_____

_____

_____

_____

_____

Wie hat sich die Beziehung zu ihr im Laufe der Jahre bis heute verändert?

_____

_____

_____

_____

_____

_____

_____

_____

Gibt es Punkte, über die du mit deinen Eltern bis heute noch streitest? Wenn ja,
wie könnte man diese lösen?

_____

_____

_____

_____

_____

_____

_____

_____

Dein Beruf

Wieviel Überstunden machst du in der Woche? Werden diese bezahlt?

_____

_____

Bist du mit deinem Beruf glücklich oder unglücklich? Warum?

_____

_____

_____

_____

_____

_____

Wenn du noch einmal die Möglichkeit hättest eine neue Ausbildung oder ein Studium zu beginnen, um was würde es sich dabei handeln? Aus welchen Gründen machst du dies nicht?

_____

_____

_____

_____

_____

_____

_____

_____

_____

_____

_____

_____

Wie ist das Betriebsklima auf Arbeit. Gibt es sehr viel Druck? Wirst du vielleicht gemobbt oder ist die Konkurrenz hart? Hast du einen unmöglichen Chef? Oder falls du selbstständig bist: hast du genug Aufträge? Versuche es zu beschreiben.

Mit welchen Arbeitskollegen verstehst du dich und mit welchen nicht? Könntest du an der Situation etwas ändern oder bist du so zufrieden?

Wie verstehst du dich mit deinem Vorgesetzten oder bist du dein eigener Chef?

_____
_____
_____
_____
_____
_____
_____

Wenn es immer wieder Probleme mit dem Umfeld auf der Arbeit gibt, um welche Streitpunkte handelt es sich und wie könnte man diese lösen?

_____
_____
_____
_____
_____
_____
_____
_____
_____
_____
_____
_____
_____
_____
_____

Könntest du dich in deinem Beruf fortbilden oder an eine andere Stelle versetzen lassen oder etwas ganz neues beginnen? Wie würde dies aussehen und was müsstest du dafür tun?

Würdest du am liebsten kündigen und bleibst bloß bei deiner Arbeit, weil du Angst vor Neuem hast oder Angst davor hast keine andere Stelle zu bekommen? Überdenke ob es das Geld wert ist, sich vielleicht im Leben mit einer unglücklichen Arbeitsstelle zu quälen oder ob du vielleicht mit weniger Geld an einer anderen Arbeitsstelle glücklicher sein würdest?

Deine Hobbys

Wie viel Zeit steht dir in der Woche ganz allein für dich zur Verfügung?

_____

_____

Wenn es zu wenig Zeit ist: was müsstest du in deinem Leben ändern, damit es mehr wird?

Welche Hobbys hattest du als Kind und Jugendlicher (also bis zum 18. Lebensjahr)?

Warum hast du keines dieser Hobbys mehr oder fängst wieder damit an?

_____

_____

_____

_____

_____

_____

_____

_____

_____

Was sind deine momentanen Hobbys?

_____

_____

_____

_____

_____

Welches Hobby wolltest du schon immer ausprobieren und was hindert dich daran dies zu tun?

_____

_____

_____

_____

_____

_____

Wenn du unbegrenzt Geld hättest, welches Hobby würdest du dann gerne machen?

Überlege danach, ob es eine Möglichkeit gibt, diesen Wunsch zumindest in Teilen
umzusetzen.

Werte

Was ist dein Lebensmotto und wie hat sich dieses Motto für dich entwickelt?

_____

_____

_____

_____

_____

_____

_____

_____

_____

_____

Wer ist dein Vorbild oder Idol und warum?

_____

_____

_____

_____

_____

_____

_____

_____

_____

_____

Welche Werte sollten sich in unserer Gesellschaft ändern?

Kindheit

Ganz aus dem Bauch heraus: hattest du eine schöne Kindheit? Ja / Nein

Was war an deiner Kindheit schön und was nicht?

_____

- -

- -

- -

- -

- -

- -

- -

- -

- -

- -

- -

- -

- -

- -

- -

- -

- -

Hattest du traumatische Erlebnisse? (Am besten nur in Stichworten, da das Aufschreiben von Traumatisierungen zu viel in dir in Gang setzen könnte.)

_____

_____

_____

_____

_____

Wenn du möchtest kannst du hier jedoch eines deiner Traumas kurz skizzieren:

_____

_____

_____

_____

_____

_____

_____

_____

_____

_____

_____

_____

_____

_____

_____

_____

_____

Hattest du als Kind ein Haustier?

ja/nein

Wenn ja, welches und wenn nein, welches hättest du gerne gehabt? (Falls du es nicht bekommen hast, was hindert dich daran es heute zu haben?)

Wer waren als Kind deine wichtigsten Freunde und warum?

Wer hat dir als Kind das Leben schwer gemacht?

Welche Träume haben dir deine Eltern als Kind erfüllt?

Welche Träume haben sie dir nicht erfüllt?

Könnte man diese Träume heute in irgendeiner Form nachholen (dies wird in der
Fachliteratur als „innere-Kind Arbeit" bezeichnet, mehr dazu zum Beispiel in dem
Buch „Das Kind in dir muß Heimat finden" von Stefanie Stahl)

Wen hast du als Kind mehr geliebt oder mit wem hast du dich besser verstanden?
Mit deinem Vater, deiner Mutter oder einer ganz anderen Person?

Welche Probleme hattest du als Kind mit deinen Eltern? Gab es große
Streitpunkte die vielleicht nie aufgelöst wurden? Wie sahen oder sehen diese aus?

Was müsste passieren, damit diese Streitpunkte verschwinden oder was hätte damals passieren müssen?

Selbstbewusstsein

Für wie selbstbewusst, auf einer Skala von 1 bis 10, würdest du dich einschätzen?

1   2   3   4   5   6   7   8   9   10

Wie selbstbewusst würdest du gerne sein (auf einer Skala von 1 bis 10)

1   2   3   4   5   6   7   8   9   10

Versuche zu überlegen welche Ursachen es für dein mangelndes oder gutes Selbstbewusstsein gibt?

Was müsstest du unternehmen (bei weniger Selbstbewusstsein) damit diese Ursachen sich verändern (z.B. einen Rhetorikkurs besuchen, wenn man ungern vor Leuten spricht, Selbsthilfebücher lesen usw.)?

Gibt es in deinem Leben vielleicht doch Bereiche in denen du mehr
Selbstbewusstsein besitzt, auch wenn es vielleicht nur kleine Gebiete sind?

Warum bist du in diesen Gebieten selbstbewusst? Über welche Fähigkeiten und
über welches Wissen verfügst du in diesen Gebieten?

Warst du in deinem Leben zu einem anderen Zeitpunkt selbstbewusster?

Ja / Nein

Wenn ja, was hat dieses Selbstbewusstsein zerstört?

Was müsste passieren, damit es sich wieder aufbauen kann?

Selbstwertgefühl

Wie viel, auf einer Skala von 1 bis 10, bist du dir selbst wert?

1   2   3   4   5   6   7   8   9   10

Welche Ursachen gibt es für dein geringes Selbstwertgefühl? Gab es vielleicht Ereignisse in deinem Leben, durch die dein Selbstwert gesunken ist?

Was müsste passieren damit dein Selbstwert wieder steigt? Welche Schritte müsstest du unternehmen?

Deine Gefühle

Hass

Wen hasst du und warum?

Was müsste passieren, damit dein Hass gegenüber dieser Person für dich
verschwindet oder er geringer wird?

Liebe

Wen oder welche Personen liebst du auf dieser Welt am meisten und warum?

Glück

Gibt es Dinge oder Personen die dich besonders glücklich machen?

Warum machen dich diese Dinge oder Personen glücklich?

Angst
Vor welchen Dingen oder Personen hast du Angst?

Warum hast du vor diesen Dingen oder Personen Angst?

Was müsste passieren, damit du vor diesen Dingen oder Personen keine Angst mehr hast?

Was hindert dich daran?

Sorgen und Befürchtungen
Über was oder wen sorgst du dich im Moment am meisten?

Warum hast du diese Sorgen?

Was müsste eintreten oder sich verändern, damit du diese Sorgen nicht mehr hast?

Mitleid

Mit welchen Personen hast du im Moment besonders viel Mitleid?

Warum hast du dieses Mitleid und könntest du diesen Personen vielleicht in irgendeiner weise helfen?

Fragen über die Fragen

Welcher Bereich der vergangenen Fragen hat dich emotional am meisten aufgeregt?

_____

_____

_____

_____

_____

_____

In welchen Fragengebieten spürtest du:

Trauer

_____

_____

Wut

_____

_____

Hass

_____

_____

Liebe

_____

_____

Ein schlechtes Gewissen

_____

_____

Schmerz

Überlege dir, warum du in diesen Bereichen diese Gefühle hattest? Was sagen
diese Gefühle über dieses Thema aus? Hattest du beim Überlegen vielleicht neue
Erkenntnisse?

Hattest du beim Beantworten dieser Fragen vielleicht neue Erkenntnisse? Wenn ja, wie sehen diese aus?

_____

_____

Welche Fragen, die hier nicht aufgetaucht sind, würdest du dir gerne selbst
stellen und beantworten?

_____

_____

_____

_____

_____

_____

_____

_____

_____

_____

_____

_____

_____

_____

_____

_____

_____

Ganz zum Schluß...

10 ungewöhnliche Fragen

Wenn du die Möglichkeit hättest dich selbst neu zu erschaffen, mit neuen Eigenschaften und einem anderen Körper, wie würdest du dann aussehen?

Wenn morgen die Welt untergehen würde, was würdest du heute tun?

Wenn du in die Vergangenheit oder in die Zukunft reisen könntest zu welchem
Zeitpunkt und warum würdest du reisen?

Wenn du für einen Tag die Weltherrschaft hättest, was würdest du tun?

Wenn du plötzlich ein begnadeter Schriftsteller sein würdest, über was würdest du schreiben?

Wenn dir jemand den Sinn des Lebens verraten könnte, was würdest du dann mit diesem Wissen machen?

Wenn du ein Raumschiff besitzen würdest, wo würdest du hinfliegen?

Wenn du für einen Tag eine Person des anderen Geschlecht sein könntest, was würdest du unternehmen?

Wenn du für einen Tag wieder 5 Jahre alt sein könntest, was würdest du dann gerne machen und warum?

Wenn dir ab jetzt, bis zum Ende deines Lebens, eine unbegrenzte Summe an Geld zur Verfügung stehen würde, wie könnte dann dein Leben aussehen? Was würdest du mit dem Geld machen? Was würdest du in deinem Leben ändern, welche Träume würdest du dir erfüllen, welchen Menschen würdest du vielleicht helfen?

Weitere Veröffentlichungen bei Amazon von Doreen Schmidt

„Das Tagebuch gegen Depressionen"
Ein Tagebuch für depressive Menschen, die ihre Symptome verbessern möchten.

„Stimmungstagebuch für Borderliner"
Das Tagebuch für Borderliner, die ihre Emotionen, Gedanken und Anspannungen im Blick behalten wollen.

„Das Tagebuch für meine Seele. Selbsthilfe gegen Stress, Depressionen und Burnout."
Das Tagebuch mit Terminplanung und ausführlicher Reflektion von Gedanken, Emotionen und Erlebnissen.

„Mein Traumtagebuch"
Zum Aufschreiben Deiner Träume, mit jede Menge Platz. Bestimmte Fragen werden dir dabei helfen, dich an deinen Traum zu erinnern.

„Mein Tagesplan. Eine spezielle Hilfe gegen Antriebsprobleme„
–ein Ergänzungsbuch –
Möglichkeit Deinen Tag genau zu strukturieren, sich Ziele zu setzen, die man erreichen kann. Den Antrieb durch Planung zu steigern.

„Mein Therapietagebuch"
Das Buch gibt dir die Möglichkeiten alle Daten Erkenntnisse und Informationen deiner Therapie zu dokumentieren.

„Arbeitsbuch PTBS"
Dieses Arbeitsbuch gibt dir die Möglichkeit mögliche Trigger und Frühwarnzeichen zu erkennen und dazu die eigenen passenden Skills zu entwickeln

FSC
www.fsc.org

MIX
Papier aus verantwortungsvollen Quellen
Paper from responsible sources
FSC® C105338